Leben unter der Erde

Die verborgene Welt unter unseren Füßen

Text von
Dr. Jackie Stroud, Dr. Marc Redmile-Gordon

Illustriert von
Wenjia Tang

DK

Inhalt

DK Penguin Random House

Text Dr. Jackie Stroud, Dr. Marc Redmile-Gordon (RHS)
Illustrationen Wenjia Tang

Lektorat Kathleen Teece, Laura Gilbert, Jonathan Melmoth, Sarah Larter
Gestaltung und Bildredaktion Fiona Macdonald, Katherine Marriott, Diane Peyton Jones, Jaileen Kaur, Sumedha Chopra, Jagtar Singh, Helen Senior, Clare Baggaley
Herstellung Nikoleta Parasaki, Ena Matagic

Redaktion RHS Rae Spencer-Jones, Simon Maughan, Guy Barter, Chris Young

Für die deutsche Ausgabe:
Programmleitung Monika Schlitzer
Redaktionsleitung Martina Glöde
Projektbetreuung Janna Heimberg
Herstellungsleitung Dorothee Whittaker
Herstellungskoordination Claudia Rode
Herstellung Stefanie Staat

Titel der englischen Originalausgabe:
Under your feet

In Zusammenarbeit mit der RHS

Übersetzung Eva Sixt
Lektorat Elena Bruns

ISBN 978-3-8310-4050-6

Druck und Bindung Leo Paper Products, China

www.dk-verlag.de

Warum ist der Boden wichtig?

Bevor wir Gemüse oder Pilze in der Küche verwenden, waschen wir die Erde ab. Diese Nahrungsmittel brauchen zum Wachsen Nährstoffe und Wasser aus dem Erdboden. Aber der Boden macht noch viel mehr: Er reinigt das Wasser und trägt unsere Häuser.

Würde der Boden kein Wasser aufnehmen, gäbe es gewaltige Überschwemmungen.

Der Boden nimmt Regenwasser auf.

Tiere geben CO_2 ab.

Wasser filtern

Der Boden funktioniert wie ein riesiger Wasserfilter, denn zwischen den Erdteilchen sind winzige Hohlräume, durch die das Wasser hindurchsickert. Das kannst du dir wie bei einem Sieb vorstellen, in dem Schmutzteilchen hängenbleiben.

Abfall verwerten

Kleine Lebewesen im Boden ernähren sich von toten Tieren und Pflanzen. Die Nährstoffe, die sie dabei aufnehmen, geben sie wieder an den Boden ab und helfen so den Pflanzen beim Wachsen.

Klimaschutz

Das Gas Kohlenstoffdioxid (CO_2) in unserer Luft trägt dazu bei, dass es auf der Erde wärmer wird. Der Boden speichert Kohlenstoff, der in CO_2 enthalten ist. Das ist gut für das Klima.

Blätter geben Sauerstoff ab.

Fundamente

Wenn ein Haus absinkt, bekommen die Mauern oft Risse.

Wir bauen unsere Häuser auf Fundamenten im Boden. Wenn der Boden nicht mehr stabil ist, kann das ganze Haus absinken.

Nahrung

Viele Tiere fressen Pflanzen, die ohne Erde nicht wachsen könnten. Andere Tiere ernähren sich von diesen Tieren.

Die Pflanzen

Pflanzen nehmen Kohlenstoffdioxid (CO_2) auf und geben Sauerstoff ab. Ihre Wurzeln wachsen im Boden. Er liefert ihnen Nährstoffe und Wasser.

Pflanzen

Pflanzen nehmen Kohlenstoffdioxid aus der Luft auf und wandeln es in Zucker und andere Stoffe um, die sie zum Leben brauchen. Wenn sie absterben, gelangt Kohlenstoff in den Boden.

Der Kohlenstoff

Kohlenstoff kommt nicht nur in dem unsichtbaren Gas Kohlenstoffdioxid (CO_2) in unserer Luft vor, sondern auch in festen Dingen, wie Bäumen. Wenn sie absterben und sich zersetzen, gelangt der Kohlenstoff in den Boden. Im CO_2 steigt er wieder in die Luft auf.

Im Boden

Wir setzen Treibhausgase frei, wenn wir auf nassem Boden fahren oder laufen. Die Luft wird aus dem Boden gepresst und Lachgas und Methan gelangen in die Atmosphäre.

Die Atmosphäre ist eine Hülle aus Gasen, die die

Klimaschutz

Unsere Böden helfen dabei, dass es auf der Erde nicht zu heiß und nicht zu kalt ist. Im Boden können sich aber auch Gase bilden, die bewirken, dass es auf der Erde wärmer wird. Wenn wir unsere Böden gut behandeln, speichern sie solche Gase.

Kompost

Im Boden leben winzig kleine Wesen, die Mikroben. Wenn sie zu wenig Sauerstoff (ein Gas in der Luft) bekommen, erzeugen diese Mini-Lebewesen Lachgas und Methan. Trockene Blätter und Zweige halten einen Komposthaufen locker-luftig und lassen Sauerstoff zum Atmen für die Mikroben hinein.

Pflügen

Um Unkraut loszuwerden, pflügt ein Landwirt den Boden. Dabei wird der Boden aufgebrochen und Nährstoffe für die Pflanzen werden freigesetzt. Pflügt man aber zu häufig, sterben Bodenlebewesen ab und Treibhausgase werden freigesetzt. Viele Bauern pflügen deshalb weniger.

Erde umgibt. Die Sonne erwärmt die Atmosphäre.

Treibhausgase

Auf der Erde wird es wärmer. Dazu tragen vor allem drei Gase bei, die in der Atmosphäre unserer Erde sind. Diese Gase wirken wie die Glaswände eines Treibhauses und halten die Wärme auf der Erde „gefangen". Man nennt sie deswegen auch Treibhausgase. Sie heißen Kohlenstoffdioxid (CO_2), Lachgas (N_2O) und Methan (CH_4).

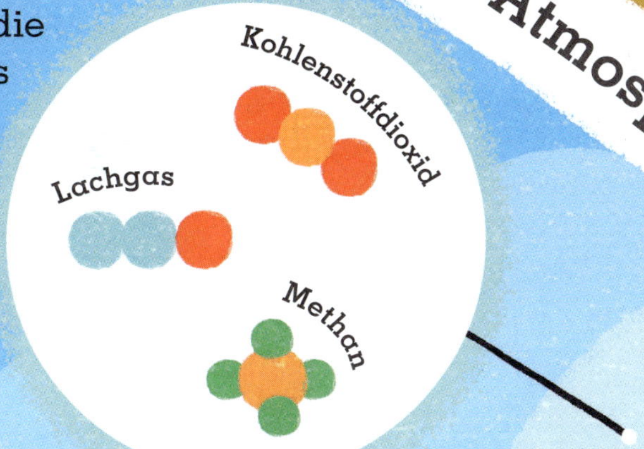

Woraus besteht Boden?

Der Erdboden ist ein bisschen wie Kuchenteig. Er besteht aus verschiedenen Zutaten: Mineralstoffen, Wasser, Luft und organischer Substanz (Lebewesen und ihre Überreste). Weil die Zutaten verschieden gemischt sein können, gibt es unterschiedliche Böden.

Wasser

Regenwasser sickert in den Boden und löst Mineralstoffe und Nährstoffe aus der Erde. Das meiste Wasser bleibt nicht im Boden, sondern fließt durch Spalten und Höhlen wieder ab. Ein Teil jedoch bleibt in winzigen Hohlräumen, den Poren, zwischen den Bodenteilchen zurück.

Organische Substanz

Als organische Substanz bezeichnet man die Wurzeln und Millionen kleinen Lebewesen im Boden, von Pilzen bis hin zu Krabbeltieren. Auch tote Teile von Lebewesen, wie abgestorbene Blätter, gehören dazu.

Es dauert 6–12 Monate, bis ein Blatt verrottet ist.

In nassen Böden füllt Wasser viele Poren.

Luft

Lebewesen geht es am besten in Böden, die gleich viel Wasser und Luft enthalten. Die Luft bewegt sich durch Spalten, Höhlen und kleine Hohlräume (Poren) im Boden.

Mineralstoffe

Ein Mineral ist ein fester Stoff, der in der Natur vorkommt und aus Kristallen besteht. Im Boden nennt man die Körnchen aus Mineralstoffen Sand, Schluff und Lehm. Einige Pflanzen wachsen am besten in sandigen Böden, andere in Lehmböden.

Sandkörner sind bis 1000-mal so groß wie Lehmteilchen.

Bodenschichten

Manche Böden bestehen aus Jahrtausende alten Schichten. Man nennt sie Horizonte. Erdboden kann bis 50 Meter tief sein.

Tausendfüßer und andere Tiere im Boden fressen Humus, der Nährstoffe enthält.

Humus

Die oberste Schicht ist der Humus. Er ist dunkel und besteht aus toten, verrotteten Lebewesen.

Oberboden

Wenn du schon einmal einen Baum gepflanzt hast, hast du vielleicht diese mittelbraune Schicht gesehen. Sie ist eine Mischung aus Überresten von Lebewesen, Mineralien und Steinchen. In dieser Schicht leben die meisten Tiere.

Unterboden

In dieser hellen Schicht gibt es Baumwurzeln, Steine und Mineralien und andere Teilchen, die das Regenwasser in die Tiefe transportiert hat.

Sodalith

Hämatit

Mineralischer Grund

In den tieferen Bodenschichten wird das Graben schwieriger, denn hier sind jede Menge große Steine und Mineralien.

Kleine Tiere hinterlassen manchmal Spuren im Grundgestein.

Grundgestein

Wenn man ganz tief in den Boden gräbt, trifft man irgendwann auf Grundgestein. Es wurde noch nicht von Regen und Wind aufgebrochen wie die Steine an der Oberfläche.

Unter den Bodenschichten befindet sich Grundgestein.

Leben im Erdreich

Schnecken

Etwa ein Drittel aller Lebewesen unserer Erde wohnen im Boden. Meist fressen sie am liebsten andere Bodenbewohner. Ihr Kot enthält Nährstoffe für Pflanzen.

Mit seinen Fäden nimmt der Pilz Nährstoffe aus dem Boden auf.

Pflanzenwurzeln

Pilze und Pflanzen

Pilze geben chemische Stoffe ab, die man Enzyme nennt. Sie zersetzen tote Pflanzenteile, sodass Nährstoffe frei werden. Pilze und Pflanzen nehmen die Nährstoffe auf.

Springschwänze können so hoch springen wie ein Bleistift lang ist.

Milben sind mit Spinnen verwandt. Auch sie haben acht Beine.

Regenwürmer

Diese Würmer fressen tote Pflanzenteile. Ihr Kot enthält viele Nährstoffe. Andere Bodenbewohner ernähren sich vom Wurmkot.

Maulwürfe fressen gern Regenwürmer.

Maulwürfe

Einen Maulwurf kannst du leider nur ganz selten sehen, denn er verbringt fast sein ganzes Leben unter der Erde. Nur die frischen Maulwurfshügel verraten seinen Wohnort.

Kleine Bodentiere

Wenn du dir den Boden genau ansiehst, endeckst du sicherlich kleine Tiere, wie Ameisen, Hundertfüßer und Schnecken.

Hundertfüßer jagen Insekten und Schnecken. Mithilfe ihrer Klauen spritzen sie ihren Opfern Gift in den Körper.

Viele kleine Tiere wühlen sich durch den Erdboden.

Milben & Co.

In der Erde leben unzählige winzige Tiere, die etwa so groß sind wie ein i-Punkt in diesem Text. Zu ihnen gehören Milben und Springschwänze, die du hier im Bild vergrößert sehen kannst.

Regenwürmer fressen Mikroben.

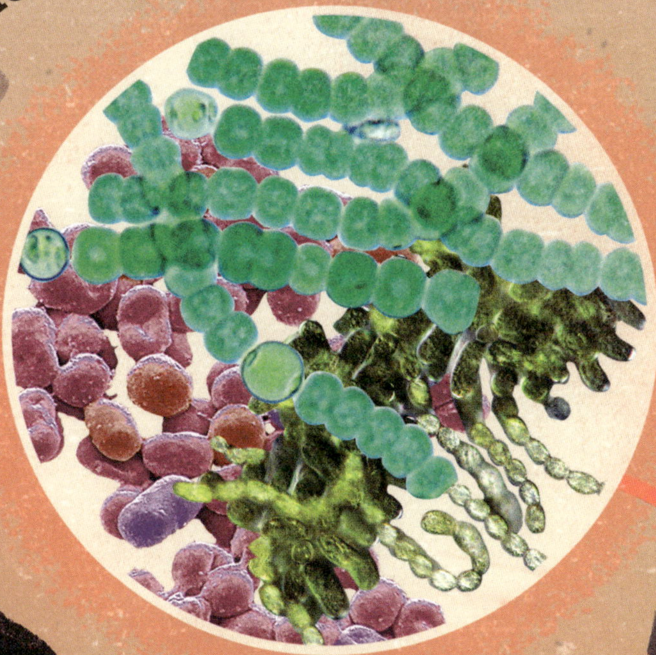

Mikroben

Diese winzigen Lebewesen sind die kleinsten im Boden. Mit bloßem Auge kannst du sie nicht erkennen, dazu brauchst du ein Mikroskop. Kaum zu glauben, aber in einem Teelöffel Erde leben Milliarden von ihnen.

Die meisten Tausendfüßer haben weniger als 100 Beine.

Wurzeln und Knollen

Vergleiche einmal eine Karotte und eine Lauchpflanze. An den Pflanzen kannst sehen, wie unterschiedlich Wurzeln wachsen können. Im Boden des Gemüsebeets breiten sich dünne, spaghettiartige Wurzeln und dicke Pfahlwurzeln aus.

Viele Wurzeln

Solche Wurzeln wachsen vom Stängel nach unten und zu den Seiten.

Zwiebel

Die Zwiebel besteht aus verdickten Blättern. In ihr ist Wasser gespeichert, das von den Wurzeln zu den oberen Blättern transportiert wird.

Pfahlwurzeln

Was wir gern als Karotte verspeisen, ist die Wurzel der Pflanze – und zwar eine Pfahlwurzel. Sie ist viel dicker als die dünnen Wurzeln des Lauchs. Oft wachsen solche Wurzeln tief in den Boden hinab, um möglichst viel Wasser aufnehmen zu können.

Pflanzen als Nahrung

Wir essen Obst, Gemüse und Getreide. Dies alles kann nur in einem gesunden Boden wachsen. Die Landwirte müssen den Boden deshalb gut behandeln.

Schnecken und andere Tiere fressen Nutzpflanzen.

In gesunden Böden leben räuberische Tiere, wie Käfer, die Schädlinge fressen.

Gesund?

Ein guter Boden ist krümelig. In ihm leben viele Regenwürmer. Landwirte graben Löcher, um zu prüfen, ob der Boden gesund ist.

Die Aussaat

Die Samen müssen genau in der richtigen Tiefe in die Erde. Sind sie zu nah an der Oberfläche, werden sie von Vögeln gefressen. Zu tief im Boden können sie nicht keimen.

Die Vogelscheuche schreckt Vögel ab, die gern Getreidekörner aufpicken.

In China wird am meisten Weizen angebaut.

Aus Maismehl kannst du Tortillas und Polenta machen.

Weizen ist eine der wichtigsten Getreidearten.

Verarbeitung

Wenn die Feldfrüchte geerntet sind, werden sie verarbeitet. Weizenkörner werden zu Mehl gemahlen, aus dem man Brot backt und Nudeln macht.

Nach dem Weizen wird z. B. Luzerne angepflanzt.

Körner ohne Schale ergeben Weißmehl, Körner mit Schale Vollkornmehl.

Weizenfelder

Weizen wird meistens im Herbst ausgesät, damit er im Frühjahr schnell heranwächst. Im Sommer sind die Weizenähren reif und das Getreide wird geerntet.

Schon vor 10 000 Jahren wurde Weizen angebaut.

Fruchtfolge

Damit der Boden fruchtbar bleibt, wird auf dem Feld jedes Jahr eine andere Pflanzensorte angebaut.

Das Rotkehlchen hat einen Wurm für seine Küken gefangen.

Jede Wurmart kommt in einer bestimmten Tiefe vor.

Fleißige Würmer

Regenwürmer leisten wichtige Arbeit, vor allem im Frühjahr und im Herbst. Dann sind die meisten Böden warm und feucht. Manche Würmer leben an der Oberfläche, andere im Oberboden und wieder andere in tieferen Schichten.

Blätter zersetzen

Kompostwürmer verspeisen nahe der Bodenoberfläche abgestorbene Blätter. Mit dem Kot der Würmer gelangen manche der Nährstoffe aus den Blättern in den Boden.

Lecker!

Regenwürmer sind wichtiges Futter für Vögel, Füchse und andere Wildtiere.

Kompostwürmer leben nahe der Oberfläche.

Sommerruhe

Wenn der Boden stark austrocknet, gräbt ein Regenwurm eine kleine Kammer, kleidet sie mit Schleim aus und rollt sich in ihr zusammen. So verliert sein Körper kaum Feuchtigkeit. Der Wurm ruht oft monatelang, bis es wieder regnet.

In selbst gegrabenen Kammern überstehen Würmer den Sommer.

Große, blasse Regenwürmer

Blasse Tauwürmer fressen Erde mit Blattresten und scheiden die darin enthaltenen Nährstoffe mit dem Kot wieder aus. Jetzt können Pflanzen diese Nährstoffe aus der Erde aufnehmen.

Pflanzenfutter

Pflanzen nehmen Nährstoffe aus abgestorbenen Pflanzenteilen auf, die vorher von Würmern oder Mikroben freigesetzt wurden.

Tief im Boden

Noch weiter unten leben wieder andere Regenwürmer. Sie sind ungefähr so lang wie ein Bleistift und graben mit viel Kraft senkrechte Gänge.

Diese Würmer können 10 Jahre alt werden.

Auflockerung

Manchmal bleiben die senkrechten Gänge bis zu 30 Jahre lang im Boden. Durch die Gänge dringen Wasser und Luft ein.

Wie Blätter zersetzt werden

Viele Laubbäume und Sträucher werfen ihre Blätter ab.

1 Laub fällt herab

Im Herbst färben sich viele Blätter an den Bäumen und Sträuchern leuchtend rot, orange und gelb. Bald werden sie auf den Boden fallen.

2 Zerkleinerung

Nachts zerkleinern Bodentiere wie Tausendfüßer und Regenwürmer das Laub in kleine Stückchen, um sie zu verspeisen. So können auch andere Lebewesen in der Erde die Blattstückchen leichter fressen.

3 Ab in den Boden

Regenwürmer bilden aus den Blättern Häufchen. Blatt für Blatt ziehen sie dann in ihren unterirdischen Bau.

Tausendfüßer fressen Blätter und andere Pflanzenteile.

Kleine Lebewesen in der Erde zersetzen Pflanzenreste. Lebende Pflanzen nehmen die Nährstoffe aus den abgestorbenen Pflanzen wieder auf. Deshalb versinken wir nicht in toten Blättern.

4 Immer kleiner

Mikroben (winzige Lebewesen) wie z. B. Pilze wachsen um die Blattteilchen herum. Mithilfe chemischer Stoffe zerkleinern sie die Stückchen noch weiter.

Pflanzenreste machen den Boden fruchtbar.

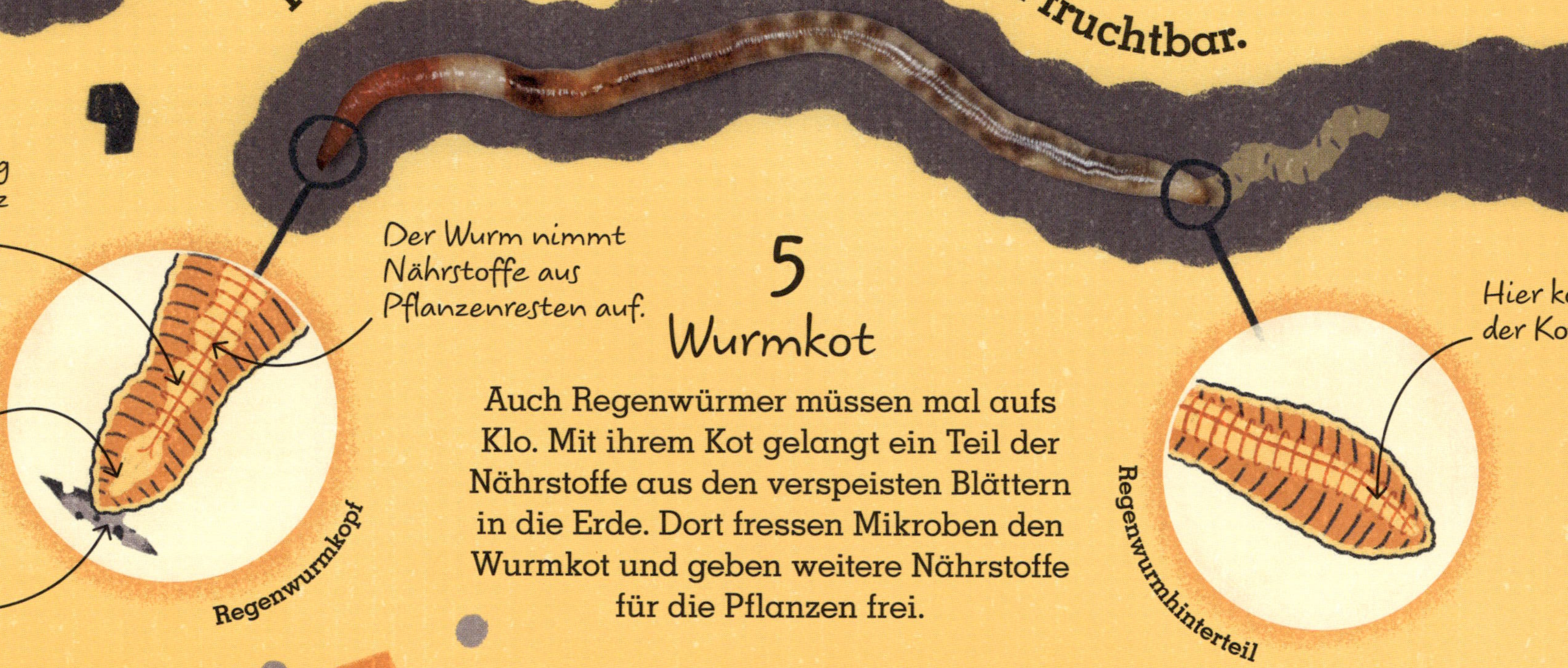

5 Wurmkot

Auch Regenwürmer müssen mal aufs Klo. Mit ihrem Kot gelangt ein Teil der Nährstoffe aus den verspeisten Blättern in die Erde. Dort fressen Mikroben den Wurmkot und geben weitere Nährstoffe für die Pflanzen frei.

Trockener Boden

In trockenen Wüsten wachsen besondere Pflanzen. Sie überleben auch dann, wenn es lange nicht regnet, denn sie können Wasser speichern.

Kaktus

Mit seinen flach ausgebreiteten Wurzeln saugt der Kaktus so viel Wasser wie möglich, wenn es regnet.

Lebende Steine

Diese Pflanzen nehmen Wassertröpfchen aus Nebel auf. Während Trockenzeiten ziehen sie sich in den Boden zurück.

Einige Kakteen überleben zwei Jahre ohne Regen.

Saxaulbaum

Das Netz aus Wurzeln hält trockenen Sand zusammen. Saxaulbäume verhindern, dass der Sandboden vom Wind fortgeweht wird.

Feuchter Boden

In Regenwäldern wachsen Tausende Pflanzen. Jedes Jahr fallen hier bis zu 10 Meter Regen. Da der viele Regen die Nährstoffe aus der Erde spült, wachsen manche Pflanzen einfach auf anderen Pflanzen!

Hier fällt viel, viel mehr Regen als in der Wüste.

Die Feige wächst um den Stamm.

Würgefeige

Die Samen dieser Pflanze keimen in den Baumkronen. Die Feige wächst hinab zum Waldboden und schlägt dort schließlich ihre Wurzeln.

Tiere fressen Feigen und verbreiten die Samen mit ihrem Kot.

Brettwurzeln

Im Regenwaldboden sind die Nährstoffe direkt unter der Oberfläche. Deshalb haben viele Regenwaldbäume keine tiefen Wurzeln, sondern Brettwurzeln. Sie wachsen wie Stützpfeiler auch oberirdisch um den Stamm herum.

Pilze an den Wurzeln helfen der Pflanze, mehr Nährstoffe aufzunehmen.

Im nassen Moor

Moore speichern sehr viel Wasser. Hier wachsen nur Pflanzen, denen nasse Füße nichts ausmachen. Der Boden im Moor wird Torf genannt.

Wie bildet sich Torf?

Moorboden speichert wenig Sauerstoff. Um Pflanzenreste oder tote Tiere zu zersetzen, brauchen Mikroben aber Sauerstoff. Nicht ganz zersetzte Pflanzenreste sammeln sich deshalb an und bilden Schichten. So entsteht Torf.

Aus vergangener Zeit

Manche Dinge zersetzen sich im Moor Jahrtausende lang nicht. Man hat auch Körper von Menschen gefunden, die vor sehr langer Zeit lebten.

Kornweihe

Klimaschutz

Kohlenstoffdioxid (CO_2) ist ein Treibhausgas. Je mehr davon in der Luft ist, desto wärmer wird es auf der Erde. Torf speichert sehr viel Kohlenstoff. Der Schutz der Moore hilft, den Klimawandel aufzuhalten.

Moore speichern mehr Kohlenstoff als Wälder.

Besondere Pflanzen

In Mooren wachsen seltene Pflanzen und Torfmoose. Sie bilden güne und rötliche Polster.

Wollgras

Torfmoos

Es dauert Jahrtausende, bis sich Torf bildet.

Goldregenpfeifer

Früher heizten Menschen mit getrocknetem Torf ihre Häuser.

Große Königslibelle

Der Boden

Torf besteht vor allem aus nicht ganz zersetzten Pflanzenresten und ist dunkel. Er fühlt sich weich und schwammig an.

Sonne, Wind und Regen

Regen macht uns nass und er spült auch lockeren Erdboden weg. Wenn in der Erde Pflanzen wachsen, ist der Boden besser vor Regen und Wind geschützt und trocknet nicht so schnell aus.

Dürre

Wurzeln halten den Boden fest. Wenn unbewachsener Boden in der Sonne austrocknet, weht der Wind ihn weg.

Platsch!

Ein Regentropfen kann schlecht für den Boden sein. Wenn er auftrifft, werden Bodenteilchen gelockert und weggespült.

Schlammfluten

In hügeligen Gegenden kann starker Regen den Boden wegspülen, wenn er nicht von Pflanzen festgehalten wird.

Boden verschwindet

Erdboden, der vom Wind und Wasser fortgeweht oder weggespült wird, gelangt schließlich ins Meer. Es hat Jahrtausende gedauert, bis er sich gebildet hat. Nun ist er für sehr lange Zeit verschwunden.

Festgefroren

Bauern lassen ihre Felder im Winter oft ohne Pflanzen brach liegen. Dann sterben Krankheitserreger ab. Wenn es kalt ist, gefriert der Boden, sodass er nicht vom Wind fortgeweht wird.

In der Nacht

In der Nacht ist am und im Boden jede Menge los. Nachtaktive Tiere schlafen tagsüber und wachen erst auf, wenn du ins Bett gehst. Sie suchen im Mondschein nach Nahrung.

Viele Tiere sehen auch bei wenig Licht gut.

Futtersuche

Kleine Tiere suchen in der Nacht Beeren und anderes Futter. Im Dunkeln finden viele Räuber sie nicht so leicht.

Mäuse suchen nach Nüssen und Früchten.

Der Ameisenlöwe fängt in seinem Trichter Ameisen.

Am Boden

Manche Jäger ruhen tagsüber an feuchten, dunklen Orten, zum Beispiel unter Steinen. Sie kommen nur nachts heraus, um Beute zu fangen.

Hundertfüßer erbeuten Insekten.

Manche Käfer jagen Raupen und Larven.

Jäger der Lüfte

Der australische Baumschwalm fängt Grillen und Ameisen, die nach Sonnenuntergang unterwegs sind.

Insektengesang

Vielleicht hast du nachts schon einmal ein schrilles Zirpen gehört? Das sind Grillen, die ihre Beine am Körper reiben, um Weibchen anzulocken.

Bulldoggen-ameisen suchen Futter.

Nachtblüten

Die Blüten mancher Kakteen öffnen sich nur nachts. Sie locken Fledermäuse an, die den Nektar trinken und dabei die Blüten bestäuben.

Das Reich der Pilze

Bestimmt hast du im Wald schon einmal einen Fliegenpilz gesehen? Sein Stengel und die rote Haube sind eigentlich nur ein Teil des Pilzes. Manche Pilze sind riesige Lebewesen im Boden, andere sind winzig. Ohne Pilze könnten viele Pflanzen nicht wachsen.

Was sind Pilze?

Pilze sind weder Pflanzen noch Tiere. Bei vielen Pilzen ist der wichtigste Teil ein Geflecht aus feinen Pilzfäden (Hyphen) im Boden.

Gemeinschaft

Viele Pilze gehen eine Verbindung mit Wurzeln ein. Sie geben Mineralstoffe aus dem Boden an die Pflanze und bekommen dafür Nährstoffe von ihr.

Pilznahrung

Pilze haben keinen Mund und keine Magen. Sie nehmen Nährstoffe direkt durch ihre Oberfläche auf. Sie müssen weder kauen noch schlucken.

Vielleicht gibt es auf der Erde 5 Millionen Pilzarten, aber wir kennen längst nicht alle.

Fast wie Zauberei!

Das, was wir Pilz nennen, ist nur der Teil, der über dem Boden wächst. Er bildet winzige Sporen, die vom Wind verweht werden. Aus ihnen wachsen neue Pilze heran.

Ein gigantischer Pilz

Das größte Lebewesen der Erde ist ein Pilz. Sein Netz aus Fäden breitet sich unter einem Wald in Oregon (USA) über 8,8 km^2 aus.

Wunderbare Wurm-Welt

Würmer siehst du nur selten, außer du weißt, wo du suchen musst. Im Komposthaufen leben gestreifte Kompostwürmer. Wenn du ein Loch in den Boden gräbst, kannst du rosafarbene, bräunliche oder sogar gelbliche Regenwürmer finden. Im Wattenmeer hinterlassen Wattwürmer typische Häufchen.

Kompostwürmer leben im Komposthaufen.

Kompostwurm

Kompostwürmer sind gestreift und haben keine Zähne. Sie saugen ihr Futter mit dem Mund ein.

Kompostwürmer fressen Blätter, Obst- und Gemüsereste.

Gut durchmischt

Regenwürmer fressen sich durch die Erde, um leckere Pflanzenreste zu verspeisen. So lockern sie den Boden auf und vermischen die Erdschichten. Über die Nährstoffe, die sie dabei freisetzen, freuen sich auch andere Lebewesen im Boden.

Regenwürmer sind etwa so lang wie ein Bleistift, wenn sie ausgewachsen sind.

Typisches Kot-
häufchen des
Wattwurms

Wattwürmer

Wattwürmer leben am Strand. Sie fressen Sand, und scheiden ihn als Kothäufchen wieder aus. Wenn du die Häufchen in einem Gebiet zählst, weißt du ungefähr, wie viele Würmer dort leben.

Regenwürmer
fressen pro Tag
so viel, wie sie
selbst wiegen.

Wattwürmer leben in u-förmigen Gängen.

Regenwürmer graben Gänge im Erdboden.

Regenwurmkörper sind schleimig. Am Körper sitzen Borsten, die dem Wurm beim Graben und bei der Fortbewegung im Boden helfen.

Regenwurm

Regenwürmer werden
2–10 Jahre alt.

Sternmull

Mit seiner ulkigen Nase spürt der Sternmull seine Beute auf. Kein anderes Tier kann Beute so schnell abtasten und fressen wie er.

Maulwürfe und Mulle

Vielleicht läuft unter deinen Füßen gerade ein Maulwurf durch seinen Gang. Er verbringt viel Zeit damit, seine unterirdischen Gänge zu graben. Dann wartet er, dass ein leckerer Wurm hineinpurzelt.

Maulwurf

Maulwürfe sind prima Baumeister. Statt Händen oder Pfoten haben sie große Grabschaufeln, mit denen sie ihre Gänge buddeln.

Maulwürfe sind fast blind. Unter der Erde müssen sie nichts sehen.

Maulwurfshügel

Maulwürfe schaufeln Erde aus ihren Gängen nach oben. Sie türmt sich zu Maulwurfshügeln auf.

Langschwanzwiesel jagen Maulwürfe auch in ihren Gängen.

Im Lauf der Zeit leben oft viele Maulwurfsgenerationen in einmal gegrabenen Gängen.

Futterfalle

Für Würmer sind die Gänge tödliche Fallen. Sie stürzen hinein, wenn sie sich durch das Erdreich graben. Der Maulwurf hört das und eilt herbei.

Maulwürfe leben allein.

Den nackten Jungen wächst nach 2 Wochen ein Fell.

Nest

Die Nestkammer ist mit Blättern und Gräsern ausgelegt. Hier bringt das Maulwurf-Weibchen seine Jungen zur Welt.

Vorratskammer

Ein Gift im Speichel des Maulwurfs lähmt die Würmer. Sie leben zwar noch, können sich aber nicht mehr bewegen. So bleiben sie lange frisch.

Die meisten Maulwürfe sind kleiner als dein Fuß.

Unterirdische Tierwohnungen

Hast du schon einmal ein Tier in einem Loch verschwinden sehen? Es könnte der Eingang zu seinem Bau gewesen sein.

Kaninchen

Kaninchen futtern in der Dämmerung Pflanzen. Wenn ein Feind sie stört, flüchten sie schnell in ihren Bau.

Taschenratten

Amerikanische Taschenratten graben mit ihren Krallen und Zähnen Gänge. Sie kommen heraus, um Pflanzen zu fressen. In ihrem Bau gibt es Nester und Vorratskammern.

Nähert sich ein Löwe, buddelt das Erdferkel sich eilig ein.

Erdferkel

Afrikanische Erdferkel leben in unterirdischen Bauen. In der kühlen Nacht schlecken sie mit ihrer Zunge Termiten auf.

Wenn Erdferkel Termiten fressen, zerstören sie das Termitennest.

Schleicht sich ein Rotluchs an, tauchen die Hörnchen ab.

Der Räuber ist zu groß für den Bau.

Streifenhörnchen

Streifenhörnchen lassen am Eingang ihres Baus keinen verräterischen Erdhügel zurück. Sie transportieren die Erde in ihren Backentaschen fort. Im Bau gibt es Kammern für Nüsse und Samen.

Statt Pipi zu machen, geben Asseln ein Gas ab.

Asseln

Asseln sind Krebstiere. Aber anders als die meisten Krebse leben viele Asseln an Land und atmen Luft.

Asseln knabbern morsches Holz und Blätter.

Zum Schutz vor Feinden rollt sich die Rollassel zu einer Kugel zusammen.

Insekten

Insekten haben sechs Beine und ihr Körper ist in drei Abschnitte unterteilt. Viele Larven (Jungen) von Insekten leben im Boden.

Die Larven mancher Zikaden leben 17 Jahre lang im Boden.

Spinnen

Spinnen haben acht Beine. Manche Spinnen sind nur so groß wie ein Stecknadelkopf, andere größer als deine Hand. Viele weben klebrige Netze, in denen sie Beute fangen.

Manche Spinnen weben einen Tunnel aus Seide. Wenn Beute auf die Fäden tritt, spürt die Spinne das und eilt herbei.

Schnecke

Wirbellose Tiere

Etwa 90 Prozent aller Tiere auf der Erde gehören zu den wirbellosen Tieren. Sie haben keine Wirbelsäule und kein Skelett aus Knochen. Im Boden wimmelt es von diesen kleinen Tieren.

Stummelfüßer bombardieren ihre Beute mit Schleim, der hart wird.

Weichtiere

Schnecken gehören zu den Weichtieren. Sie bewegen sich auf ihrem großen Fuß fort, der Schleim abgibt. Die meisten haben ein Schneckenhaus, in das sie sich zurückziehen können.

Stummelfüßer

Diese Tiere sehen aus wie Würmer, aber sie haben jede Menge Beine. Die meisten leben in den Tropen.

Ameisenkolonie

Stell dir einmal vor, du wärst so winzig, dass du einer Ameise in ihr Nest folgen könntest. Plötzlich bist du in einem Labyrinth aus Gängen, und um dich herum sind Tausende oder sogar Millionen Ameisen! Das nennt man eine Kolonie.

Sammlerinnen tragen Blattstückchen.

Blattschneiderameisen

Diese Ameisen sammeln Blattstückchen, um Pilze auf ihnen zu züchten. In der Kolonie hat jede Ameise eine bestimmte Aufgaben.

Die Gänge ähneln den Straßen einer Stadt.

Meistens legt nur die Königin Eier.

Superkolonien

Manchmal bilden viele Kolonien eine riesige Superkolonie. In Europa erstreckt sich eine Superkolonie über 5955 km.

Arbeiterinnen graben neue Gänge und tragen Erde weg.

Pilzgärten

Die Blattschneiderameisen kauen aus den Blättern einen Brei, auf dem sie Pilze züchten.

Müllhalde

In Kammern sammeln die Ameisen Abfall. Dann wird er auf Müllhalden transportiert, die weit genug vom Nest entfernt sind.

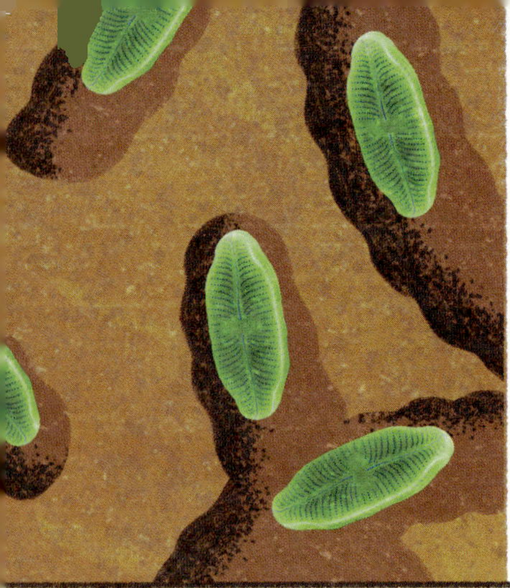

Einzeller

Alle Lebewesen bestehen aus winzigen Zellen. Du bist aus vielen Milliarden Zellen zusammengesetzt! Die meisten Mikroben bestehen nur aus einer einzigen Zelle.

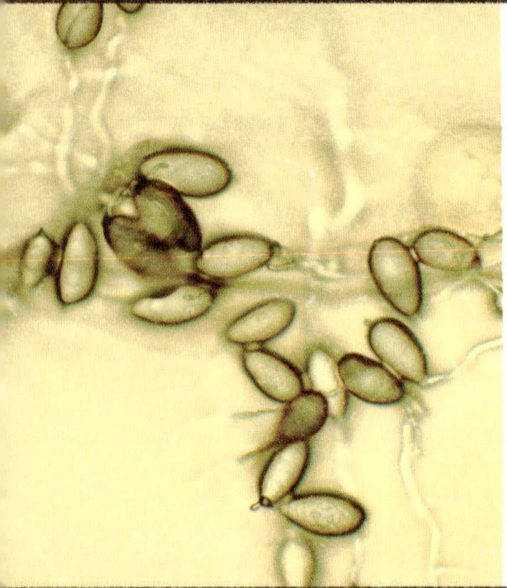

Krankheitserreger

Manche Mikroben machen Pflanzen krank. Wenn Regentropfen auf den Boden platschen, transportieren sie diese Erreger zu den Blättern in Bodennähe. Niedrige Pflanzen fangen die Regentropfen ab, bevor sie am Boden auftreffen.

Kleine Helden

Viele Mikroben sind den Pflanzen nützlich. Manche sondern Stoffe ab, die andere krank machende Mikroben abtöten. Und manche leuchten sogar im Dunkeln!

Hohlräume

Mikroben verbessern den Erdboden. Sie bauen winzige Gänge und Hohlräume, in die Wasser und Luft dringen können. Das ist wichtig für die Pflanzenwurzeln.

Diese weißen, flauschigen Pilze kannst du ganz ohne Mikroskop sehen. Im Boden geben manche Pilze klebrige Stoffe ab. Damit machen sie die kleinen Hohlräume in der Erde, in denen Luft oder Wasser gespeichert ist, stabil.

Winzige Lebewesen

Jedes Klümpchen Erdboden enthält Milliarden winzig kleiner Lebewesen. Man nennt sie auch Mikroben. Fast alle kannst du nur unter dem Mikroskop sehen.

Alle Mikroben haben wichtige Aufgaben. Einige wandeln Nährstoffe so um, dass sie von den Pflanzen aufgenommen werden können.

Ein Teelöffel Erde enthält mehr Mikroben, als es Menschen auf der Welt gibt.

Algen

Pilze

Manchmal bilden unzählige Mikroben zusammen einen bläulichen oder grünen Schleim an der Bodenoberfläche. Das können Algen, Bakterien oder eine Mischung aus beidem sein.

Mikroben in Aktion

Mikroben sind so winzig kleine Lebewesen, dass du sie nur unter einem Mikroskop sehen kannst. Sie sind sehr wichtig, denn sie zersetzen tote Tiere und Pflanzen im Boden, bilden Sauerstoff, den wir atmen, und leisten noch viel mehr.

Medizin

Einige Pilze, wie *Trichoderma citrinoviride*, leben in Pflanzen und bilden Antibiotika. Das sind Stoffe, die Krankheitserreger abtöten.

Sauerstoff

Wir atmen Sauerstoff. Ohne Bakterien, das sind auch Mikroben, wäre davon weniger in der Luft, denn einige geben dieses lebenswichtige Gas ab.

Krankheiten

Phytophthora infestans ist eine Mikrobe, die Kartoffel- und Tomatenpflanzen krank macht. Früher hat sie Hungersnöte verursacht.

Klimaschützer

Methan ist ein Treibhausgas, das zum Klimawandel beiträgt. *Methylocapsa gorgona* braucht Methan zum Leben und nimmt es aus der Luft auf.

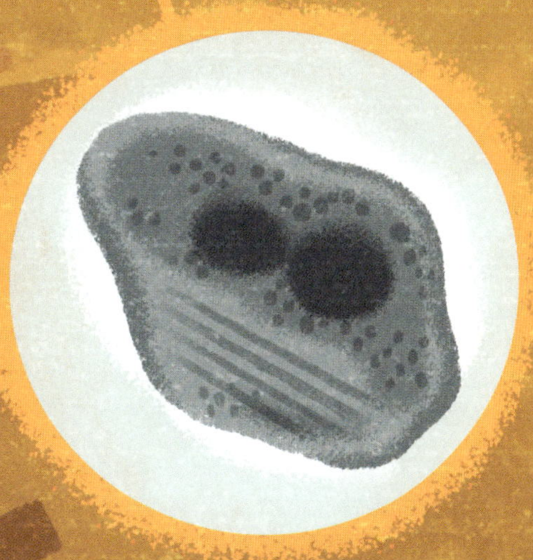

Nährstoffe

Einige Pflanzen könnten ohne Mikroben nicht überleben. Knöllchenbakterien nehmen Stickstoff aus der Luft auf und stellen daraus Nährstoffe für Pflanzen her.

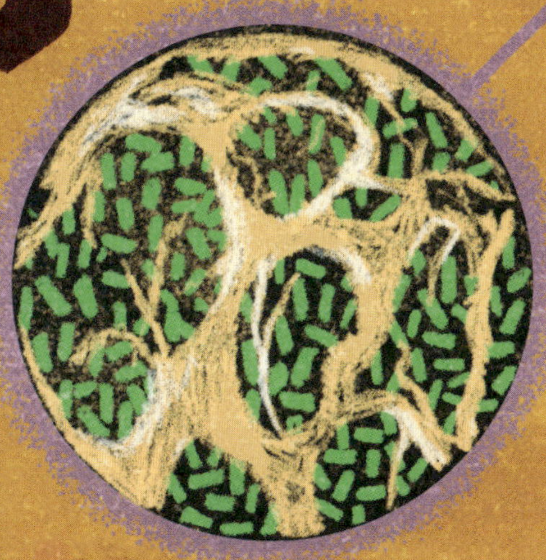

Umwandler

Mortierella und andere Pilze zersetzen abgestorbene Pflanzenteile und tote Tiere. Dabei werden Nährstoffe für andere Lebewesen frei.

Was glitzert da im Boden?

Wenn du ein Loch gräbst, stößt du bestimmt bald auf einen Stein. Reibe ihn ab und du siehst, dass er aus winzigen Körnchen besteht. Steine und Mineralien sind im Lauf von Jahrtausenden entstanden.

Regenwasser gefriert in Spalten. Das Eis dehnt sich aus und sprengt Steinstückchen ab.

Steine

Wasser und Eis können Gestein zerkleinern. Man nennt das Verwitterung. Die Steinstückchen werden irgendwann zu winzigen Teilchen im Boden.

Waschpfanne

Steine sind schwerer als andere Teilchen im Boden. Man kann sie mit einem Sieb oder einer Waschpfanne herauswaschen.

Flüsse transportieren Steine von Ort zu Ort.

Schätze im Boden

Steine und Mineralien sind hart. Sie sind auf unterschiedliche Weise entstanden. Manche sind abgekühlte Lava aus einem Vulkan!

Verschiedene Größen

Die Teilchen im Boden sind verschieden groß. Wäre ein Tonteilchen so groß wie eine Münze, dann wäre ein Schluffteilchen so groß wie ein Tennisball und ein Sandkorn riesig wie ein Heißluftballon.

Versteinerungen sind die Überreste von Lebewesen, die vor Jahrmillionen gelebt haben.

Je nach Boden gedeihen verschiedene Pflanzen.

Die Mischung

Boden besteht aus Sand-, Schluff- und Tonteilchen. Je nachdem, welche Teilchen vorkommen, ist der Boden unterschiedlich wasserdurchlässig und fruchtbar.

Viele Gesteine bildeten sich tief in der Erdkruste.

Böden auf der ganzen der Welt

In jedem Land gibt es unglaublich viele verschiedene Böden. Auf jedem Boden wachsen nur ganz bestimmte Pflanzen, von hohen Bäumen bis zu kriechenden Gewächsen, die Wasser speichern.

In Deutschland gibt es rund 60 verschiedene Bodentypen.

Feuchte Böden

Auf Torfböden in Mooren wachsen einzigartige Pflanzen. Diese Böden speichern sehr viel Kohlenstoff. Sie tragen deshalb dazu bei, dass sich das Klima nicht so schnell verändert.

Regenwälder

In Regenwäldern regnet es sehr viel. Die Böden sind nährstoffarm, da der der Regen die Nährstoffe davonspült. Trotzdem gibt es in den Wäldern Millionen Pflanzenarten.

Unser Essen besteht zu 90 Prozent aus Pflanzen.

Landwirtschaft

Überall auf der Welt bauen die Menschen Pflanzen zum Essen an. Dazu brauchen sie Böden, in denen viele Nährstoffe sind. Die meisten Pflanzen werden in China angebaut.

Trockene Böden

In Gegenden, in denen kaum Regen fällt, sind die Böden trocken. Die Pflanzen haben lange Wurzeln und fleischige Stängel und Blätter, in denen sie Wasser speichern.

In der mit Eis bedeckten Antarktis gibt es kaum Pflanzen.

Wie entstehen Wüsten?

Wir Menschen tragen dazu bei, dass aus gesunden Böden nährstoffarme Sandwüsten werden. Für uns und die Umwelt ist das schlecht.

Im letzten Jahrhundert wurde die Hälfte der Regenwälder zerstört.

Zu wenig Bäume

Bäume werden gefällt, weil wir Dinge wie Möbel aus dem Holz herstellen wollen und um Platz für Farmen schaffen. Auf den abgeholzten Flächen wird der Boden nicht mehr von den Baumwurzeln festgehalten.

Aus Holz macht man Papier.

Zu viele Weidetiere

Wenn zu viele Tiere Gras fressen und Pflanzen zertrampeln, liegt blanker Boden frei. Regen und Wind können die Erde dann wegspülen und fortwehen. So entsteht aus fruchtbarem Land Wüste.

Lockerer Boden wird leicht fortgeweht.

Auf den kahlen Böden wachsen nur noch wenige Pflanzen.

Viel zu viele Tiere machen sich jetzt über die restlichen Pflanzen her.

Zu viele Nutzpflanzen

Wenn sehr viele Pflanzen angebaut werden, nehmen sie zu viele Nährstoffe und zu viel Wasser aus dem Boden auf. Bis der Erdboden irgendwann ausgelaugt ist.

Wüsten breiten sich immer weiter aus.

Es fällt zu wenig Regen. Die Pflanzen vertrocknen.

Klimawandel

Wenn es auf der Erde wärmer wird, gibt es mehr Wüsten. Der Boden trocknet aus und wird fortgeweht.

Der Boden wird so locker, dass sich die Bäume mit ihren Wurzeln nicht mehr festhalten können.

Mehr als 100 Länder sind von Wüstenbildung betroffen.

Zai-Gruben

Wüsten und Klima

Im Sand wachsen nur wenige Pflanzenarten. Sandböden speichern weniger Kohlenstoff als fruchtbare Böden. Wenn Kohlenstoff in die Luft gelangt, trägt das zur Klimaerwärmung bei.

Was man dagegen tun kann

Menschen versuchen Wüsten wieder zu nutzen. In manchen Wüsten baut man Pflanzen in Gruben an, in denen sich Wasser sammelt. Man kann Dünger oder Mist hineinfüllen.

Mondstaub

Der Mond leuchtet hell am Himmel. Auf ihm wachsen keine Pflanzen wie auf der Erde. Es gibt kein flüssiges Wasser und keine schützende Gashülle wie die Atmosphäre, die unseren Planeten umgibt. Der Staub auf dem Mondboden ähnelt jedoch unserem Erdboden.

Mondstaub

Im Mondstaub gibt es keine Gänge und Höhlen, die Lebewesen gegraben haben. Im Boden auf der Erde enthalten Hohlräume Wasser oder Luft.

Mondstaub besteht vor allem aus Glasteilchen.

Die Krater stammen von Meteoriteneinschlägen.

Mondgestein entstand, als Lava auf der Oberfläche abkühlte oder Meteoriten einschlugen.

Echter Erdboden

In echtem Boden gibt es Lebewesen. Wenn man Mondstaub mit Wasser vermischt, entsteht nur ein Brei.

Mondstaub entsteht

Mondstaub bildet sich zum Beispiel, wenn Meteoriten einschlagen. Dabei wird das Mondgestein zertrümmert.

Forschung

Bei den *Apollo*-Missionen in den 1960er- und 1970er-Jahren reisten Menschen zum Mond. Astronauten sammelten Mondstaub und brachten ihn auf die Erde.

Können auf dem Mond Pflanzen wachsen?

Mondstaub enthält viele Nährstoffe. Wissenschaftler haben in einer ähnlichen Mischung Pflanzen gezogen. Sie wurden bis zu 50 Tage alt.

Pflanzen auf dem Mars?

Werden Menschen in ferner Zukunft Gärten auf dem Mars anlegen? Der Boden dort enthält Pflanzennährstoffe, aber auch Gifte. Auf dem Mars gibt es kein flüssiges Wasser, und die Pflanzen müssten vor schädlichen Umweltbedingungen geschützt werden.

Der Marsboden

Der Boden auf dem Mars ist ähnlich wie der auf dem Mond. Es gibt keine Lebewesen, die ihn so verändern, dass Pflanzen in ihm wachsen können.

Das Fahrzeug entnimmt Bodenproben. Man sucht nach Mikroben.

Steiniger Grund

Vor langer Zeit regnete es auf dem Mars. Das Wasser gefror in Gesteinsspalten an der Oberfläche. Das Eis dehnte sich aus, und kleine Steinstücke wurden abgesprengt. Noch immer liegen sie auf dem Boden.

Die Mars-Atmosphäre besteht zu 95 Prozent aus Kohlenstoffdioxid.

Die Atmosphäre

Eine Hülle aus Gasen, die einen Planeten umgibt, nennt man Atmosphäre. Die dünne Atmosphäre des Mars bietet keinen Schutz vor der schädlichen Sonnenstrahlung und dem gefährlichen Sonnenwind.

Wasser

Das meiste Wasser auf dem Mars ist verdampft und in den Weltraum entwichen. Aber an den Polen des Mars gibt es Eiskappen.

Über den Eiskappen ist es so kalt, dass Gas gefriert, fest wird und herabfällt.

Marsforschung

2020 möchte die Europäische Weltraumorganisation (ESA) ein Geländefahrzeug auf den Mars schicken. Es soll nach Lebewesen im Boden gesucht werden.

Gärten im Weltall

Wenn man Pflanzen auf dem Mars ziehen wollte, müsste man sie in einem speziellen Gewächshaus vor den extremen Temperaturen schützen. Der Luftdruck im Gewächshaus müsste erhöht werden, denn sonst würden die Pflanzen explodieren.

Astronauten müssten die Pfanzen ziehen.

Im Gewächshaus müsste Luftdruck erzeugt werden.

Werde zum Bodenforscher!

Mikroben

Du brauchst: Schaufel, Pappe, alte Socke aus 100 % Baumwolle, Stift,

In gesunden Böden gibt es viele Lebewesen, von Regenwürmern bis hin zu Mikroben. Vergrabe eine Baumwollsocke, um herauszufinden, ob hungrige Tierchen im Boden leben.

1. Grabe ein Loch mit 20 cm Durchmesser und lege die Erde auf ein Stück Pappe.
2. Fülle etwas Erde mit einer Schaufel in die Socke.
3. Lege die Socke in die Grube und fülle die übrige Erde ein.

Wurmhotel

Du brauchst: Leere 2-Liter-Pastikflasche, Schere, Sand, Gartenkompost, Erde,

Regenwürmer leben im Verborgenen. Mit einem Wurmhotel kannst du beobachten, was sie im Boden tun. Bringe sie nach etwa einer Woche unbedingt wieder in die Natur zurück.

1. Bitte einen Erwachsenen, eine Plastikflasche durchzuschneiden. Fülle 10 cm Erde hinein und besprühe sie mit Wasser.
2. Fülle 0,5 cm Sand, 0,5 cm Kompost und 5 cm Erde in Schichten ein. Besprühe jede Schicht mit Wasser. Stich oben mit dem Stift 1 cm tiefe Löcher ein.
3. Grabe im Garten oder Park, bis du fünf Regenwürmer findest. Setze si ins Hotel. Füttere sie mit Blättern.

Perfekte Bio-Karotten

Du brauchst: Ein Stück Gartenbeet, Harke, Schaufel,

Meistens werden Steine und Zweige im Boden entfernt, bevor Karotten ausgesät werden. So wachsen die Wurzeln nach unten. Was passiert, wenn man das nicht macht?

1. Von April bis Juli kannst du aussäen. Lockere den Boden mit einer Harke auf. Ziehe eine 1 cm tiefe Furche.
2. Säe etwa 10 Samen mit 2,5 cm Abstand aus. Bedecke sie mit Erde.
3. Wenn es in den ersten Tagen nicht regnet, gieße und bedecke die Reihe eine Woche lang mit feuchter Zeitung.

Stock, Klebeband

4. Klebe ein Pappschild an einen Stock und markiere so die Stelle.

5. Grabe die Socke nach acht Wochen aus. Wurden Löcher hineingefressen, gibt es jede Menge hungrige Lebewesen im Boden.

Zur Sicherheit

Falls du eine Wunde hast, muss sie abgedeckt sein, wenn du Erde anfasst. Wasche dir hinterher immer die Hände!

Wichtig

Nimm keine Würmer aus dem Kompost, denn diese Würmer graben nicht in der Erde. Halte die Tiere dunkel, kühl und feucht. Transportiere sie in einer mit einem feuchten Tuch ausgelegten Schüssel.

Sprühflasche, Bleistift, Blätter, Packpapier, Klebeband

4. Würmer lieben es dunkel. Wickle Packpapier um das Hotel. Besprühe die Erde jeden Tag mit Wasser.

5. Beobachte, was nach einer Woche geschehen ist. Wahrscheinlich sind die Schichten nicht mehr zu erkennen und die Würmer haben die Blätter in den Boden gezogen.

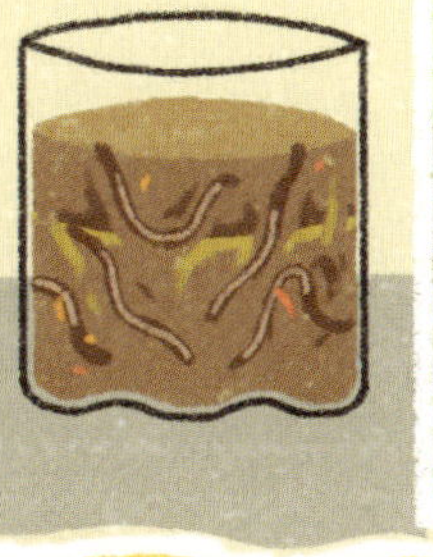

6. Lass die Würmer dort wieder frei, wo du sie gefunden hast.

Karottensamen, Pflanzenschild, Gießkanne, Zeitungspapier

4. Gieße die Pflanzen häufig, aber nur unten am Erdboden, nicht die Blätter.

5. Wenn die Pflanzen etwa 10 cm hoch sind, dann dünne sie aus. Lasse etwa alle 6 cm eine Pflanze stehen.

6. Nach 16–20 Wochen sollten die Karotten schön groß sein. Ziehe sie vorsichtig aus dem Boden.

7. Vergleiche deine Bio-Karotten mit Karotten aus dem Supermarkt.

Gut für den Boden

Damit viele verschiedene Pflanzen wachsen können, die Schmetterlinge, Bienen und andere Insekten anlocken, müssen wir gut auf den Boden aufpassen. Auch kleine Dinge haben eine große Wirkung.

Bleib auf dem Weg!

Die Pflanzenwurzeln halten den Boden fest, sodass er nicht von Wind, Regen oder unseren Schuhen fortgetragen wird. Wenn die Pflanzen neben dem Weg niedergetrampelt werden, wird der Weg immer breiter und der Boden liegt blank.

Es dauert etwa zwei Monate, bis Kompost entsteht.

Kompost

Abfälle von Obst und Gemüse zersetzen sich zu braunem, krümeligem Kompost. Du kannst ihn in den Boden mischen, damit Pflanzen besser wachsen. Wenn ihr einen Garten habt, kannst du einen Komposthaufen anlegen.

Kleine Tiere fressen Pilze, die auf morschem Holz wachsen.

Rückzug für kleine Tiere

Suche eine schattige Stelle im Park oder Garten und schichte Äste und Zweige zu einem Haufen auf. Verwende möglichst verschiedene Hölzer. Käfer, Hundertfüßer und Spinnen werden bald einziehen.

Der Boden braucht Ruhe

Wenn ihr einen Garten habt, dann frage deine Eltern, ob du eine Stelle verwildern lassen darfst. Du kannst einheimische Wildblumen aussäen, die Bienen und Schmetterlinge anlocken. Das geht auch in einem Kübel auf dem Balkon.

Begriffe

Bakterien

Diese winzigen Lebewesen gehören zu den Mikroben. Manche können Krankheiten hervorrufen, aber viele sind sehr wichtig für andere Lebewesen.

Bau

Viele Tiere graben Höhlen in die Erde, in die sie sich zurückziehen können. Oft tragen sie Futtervorräte in den Bau.

Beute

Ein Tier, das von anderen Tieren gefressen wird.

Blatt

Der Teil der Pflanze, in dem Kohlenstoffdioxid und Wasser in Nährstoffe und Sauerstoff umgewandelt werden. Blätter sind grün, denn der grüne Farbstoff ist für die Umwandlung nötig.

fruchtbarer Boden

Boden mit vielen Nährstoffen, sodass Pflanzen gut wachsen können.

Gas

Gas besteht aus kleinen Teilchen, die sich frei bewegen. Die Atmosphäre (Gashülle) der Erde enthält unter anderem die Gase Sauerstoff und Kohlenstoffdioxid.

Humus

Oberste, meist sehr nährstoffreiche Bodenschicht.

Insekten

Kleine Tiere mit sechs Beinen. Der Körper ist in die drei Abschnitte Kopf, Brust und Hinterleib unterteilt. Käfer, Schmetterlinge und Bienen sind z. B. Insekten.

Klimawandel

Mit Klima meint man das Wetter über eine längere Zeit hinweg. Derzeit wird es auf der Erde immer wärmer.

Kohlenstoff

Dieser Stoff kommt in allen Lebewesen vor. Auch das Gas Kohlenstoffdioxid (CO_2) enthält Kohlenstoff.

Kohlenstoffdioxid

Ein Gas, das in der Luft vorkommt. Man kürzt es mit CO_2 ab. Zu viel davon, ist schädlich für die Atmosphäre.

Larven

Die Jungen z. B. von Insekten nennt man Larven. Larven sehen oft ganz anders aus als die erwachsenen Tiere.

Mikroben

Mikroben sind winzige Lebewesen, die man nur

unter dem Mikroskop erkennen kann. Man nennt sie auch Mikroorganismen. Zu ihnen gehören Bakterien, Einzeller und winzige Pilze.

Mineralien

Feste, harte Stoffe, aus denen Gestein besteht. Auch Edelsteine sind aus Mineralien.

Nährstoffe

Alle Lebewesen brauchen Nährstoffe zum Leben und Wachsen.

Oberboden

Diese Bodenschicht unterhalb der Humus-Schicht enthält viele organische Stoffe. Hier leben die meisten Tiere.

organisch

So bezeichnet man Lebewesen und abgestorbene Teile von Lebewesen, die Kohlenstoff enthalten.

Pilze

Diese Lebewesen sind weder Pflanzen noch Tiere und auch keine Bakterien. Der größte Teil des Pilzes ist meistens ein unterirdisches Netz aus feinen Fäden, die man auch Hyphen nennt.

Puppe

Viele Insektenlarven, z. B. Ameisen, verpuppen sich, wenn sie groß genug sind. In der Puppenhülle verwandelt sich die Larve in das erwachsene Insekt.

Räuber

Ein Tier, das andere Tiere jagt, um sich von ihnen zu ernähren.

Sporen

Winzige Teilchen, die z. B. von Pilzen und Moosen freigesetzt werden. Der Wind weht sie davon oder Regen spült sie weg. Wo sie landen, kann ein neuer Pilz oder ein Moos heranwachsen.

wirbelloses Tier

Ein Tier, das keine Wirbelsäule und kein Skelett aus Knochen besitzt, z.B. Insekten und Schnecken.

Wüstenbildung

Wenn der Boden falsch behandelt wird, kann sich ein fruchtbares Gebiet in eine trockene, öde Sandwüste verwandeln.

Zersetzung

Lebewesen zerkleinern tote Überreste von Pflanzen und Tieren in immer kleinere Teile. Zum Schluss werden die chemischen Bausteine der Pflanzen und Tiere als Nährstoffe frei.

Register

A

B

E F

G H I

K

L M

N O

Dank und Bildnachweis

Der DK Verlag dankt Katie Lawrence für die Hilfe bei der Redaktion; Katie Knutton, Ashok Kumar, Nimesh Agrawal und Manpreet Kaur für die Hilfe beim Design; Helen Peters für das Register und Cecilia Dahlsjö für ihre Beratung zu Ameisen. Besten Dank außerdem an Rae Spencer-Jones und Simon Maughan von der RHS.

Der Verlag dankt folgenden Personen und Organisationen für die freundliche Genehmigung zum Abdruck von Fotos:

(Abkürzungen: o = oben; u = unten; m = Mitte; g = ganz; l = links; r = rechts)

6 Dreamstime.com: Aleksandr Kichigin (mor). **7 Dreamstime.com:** Aleksandr Kichigin (mol); Nikkytok (mo). **10 Dorling Kindersley:** Holts Gems (gor); Natural History Museum, London (mur). **Dreamstime.com:** Rene Alberto Mayorga Villarreal (gol); Monika Wisniewska (ur). **10–11 Dorling Kindersley:** Natural History Museum, London (u). **11 Alamy Stock Photo:** blickwinkel / Koenig (ur). **12 Alamy Stock Photo:** JONATHAN PLANT (mur/Milbe, mor/Milbe); Helen White (mur). **Dorling Kindersley:** Stephen Oliver (mul). **Dreamstime.com:** Dohnal (ur). **13 Alamy Stock Photo:** Daniel Borzynski (m). **Dorling Kindersley:** Natural History Museum, London (ur); Stephen Oliver (mor). **Dreamstime.com:** Arturs Biceks (gol); Ginasanders (gor). **Science Photo Library:** CAROLINA BIOLOGICAL SUPPLY CO, VISUALS UNLIMITED (ul); STEVE GSCHMEISSNER (ul/Bakterien); MAREK MIS (gul). **15 Alamy Stock Photo:** PetStockBoys / The Art Of Animals.co.uk (gor). **16 Alamy Stock Photo:** Premaphotos (mlo); Valentyn Volkov (ur). **Dreamstime.com:** Sarah2 (mol/Käfer). **17 123RF.com:** artono9 (mur/Croissant). **Dreamstime.com:** Illia Bondar (mr); Anna Kucherova (mur). **18 Alamy Stock Photo:** Andrew Darrington (mul); Enrique Garcia Navarro (gol); Nature Photographers Ltd / Paul R. Sterry (um); mynewturtle (mr/Regenwürmer). **Dreamstime.com:** Andrei Shupilo (mur, mr). **19 Alamy Stock Photo:** Nature Photographers Ltd / Paul R. Sterry (ml). **Dreamstime.com:** Vasyl Helevachuk (mor); Somyot Pattana (ur); Valentina Razumova (mru). **20 Alamy Stock Photo:** Danita Delimont (ur, mr). **21 Alamy Stock Photo:** Nature Photographers Ltd / Paul R. Sterry (mr). **Dreamstime.com:** Somyot Pattana (mu). **22 123RF.com:** wrangel (mul). **Alamy Stock Photo:** blickwinkel / Hartl (mo). **23 Alamy Stock Photo:** Goran Šafarek (mu). **24 Dreamstime.com:** Iulian Gherghel (mu). **Getty Images:** 500Px Plus / Stefan Holm (ur, mur). **25 Alamy Stock Photo:** Mike Lane (mu). **Dreamstime.com:** Peter Schwarz (gol); Jaqui Taylor (mul). **28 123RF.com:** Tim Hester (ul). **Alamy Stock Photo:** Denis Crawford (mu); Custom Life Science Images (mul, mu). **29 123RF.com:** Kevin Wells (mul). **FLPA:** Minden Pictures / Martin Willis (mo). **30 Alamy Stock Photo:** fishHook Photography (mu). **Dreamstime.com:** Jolanta Dabrowska (mor). **31 Alamy Stock Photo:** blickwinkel / LWG / McPHOTO (mol). **Science Photo Library:** JEFF LEPORE (ul). **32 Alamy Stock Photo:** Nigel Cattlin (mol, gor). **33 Alamy Stock Photo:** dpa picture alliance (mo); Maximilian Weinzierl (mul). **34 Alamy Stock Photo:** blickwinkel / fotototo (gol); Jim Corwin (mu). **35 Alamy Stock Photo:** Les Stocker (mu); Robert Shantz (gom). **Dreamstime.com:** Melinda Fawver (mur). **36 Alamy Stock Photo:** All Canada Photos / Wayne Lynch (mur). **Dreamstime.com:** Coramueller (mul); Jim Cumming (mor). **37 Dreamstime.com:** Charles Brutlag (mur); Isselee (mol); Geoffrey Kuchera (m); Rico Leffanta (ul). **iStockphoto.com:** BrianLasenby (ur). **38 © Copyright Steve Reader, Geografpix Photography. Plus:** (ul). **Dreamstime.com:** Belinda Wu (mur). **Getty Images:** age fotostock / Antonio López Román (mo). **39 Alamy Stock Photo:** blickwinkel / Hecker (ur); fishHook Photography (mul). **41 Alamy Stock Photo:** Nigel Cattlin (gom). **Dreamstime.com:** Bornin54 (mul). **42 Science Photo Library:** DENNIS KUNKEL MICROSCOPY (gol, mul); UK CROWN COPYRIGHT COURTESY OF FERA (mol). **46 Dreamstime.com:** Nastya81 (mur). **47 Dorling Kindersley:** Holts Gems (mol); Natural History Museum, London (mol/Kristall, mul); The Science Museum, London (m). **48 Alamy Stock Photo:** imageBROKER / Reinhard Hölzl (mo); Panther Media GmbH / Willy64331 (mu). **Dreamstime.com:** Miroslav Hlavko (mol); Simona Pavan (mr). **48-49 Dreamstime.com:** Yurasova (mo). **49 Alamy Stock Photo:** age fotostock / Werner Bollmann (mol); Jolanta Dąbrowska (mo). **50 Alamy Stock Photo:** Francisco de Casa (ur). **52 Alamy Stock Photo:** Kaliantye (ul); Science History Images / Photo Researchers (mor). **54 NASA:** JPL-Caltech / MSSS (ml). **54-55 ESA:** (mu). **55 Dreamstime.com:** Planetfelicity (mor). **58 Dreamstime.com:** Fabrizio Troiani (mu). **59 Dorling Kindersley:** Thomas Marent (ur). **Dreamstime.com:** Samuel Areny (mor).

Alle weiteren Bilder © Dorling Kindersley
Weitere Informationen unter: www.dkimages.com